THIS BOOK BELONGS TO

_____

_____

_____

_____

_____

_____

SPRING READING ACTIVITIES

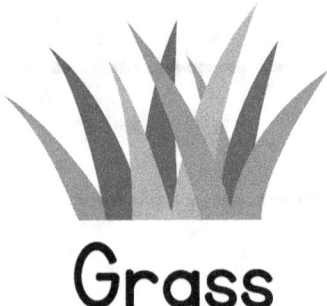 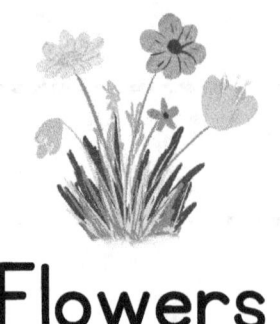 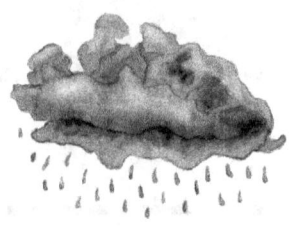

Grass　　　Flowers　　　Rain

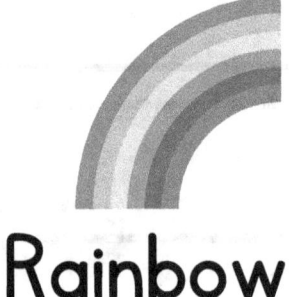 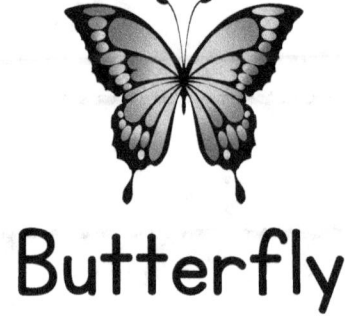 

Rainbow　　　Butterfly　　　Bee

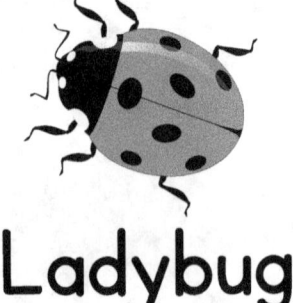 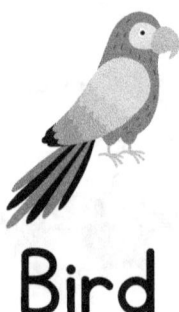 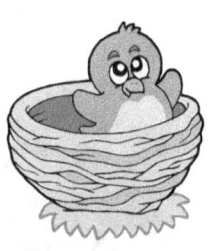

Ladybug　　　Bird　　　Nest

SPRING READING ACTIVITIES

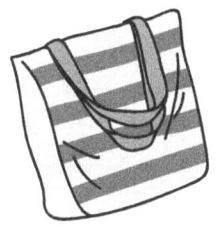 Holiday

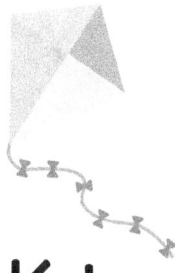 Kite

 Egg

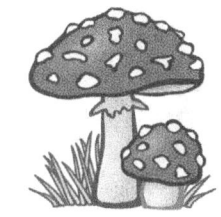 Mushroom

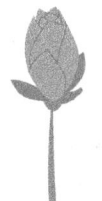 Bud

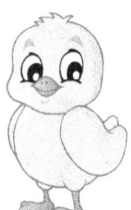 Chick

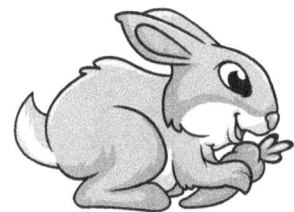 Rabbit

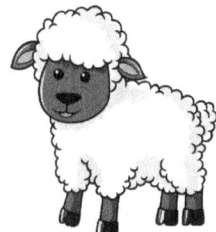 Lamb

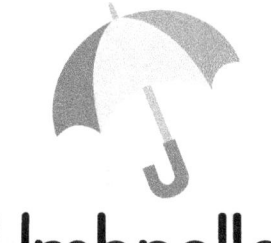 Umbrella

SPRING READING ACTIVITIES

 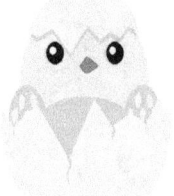 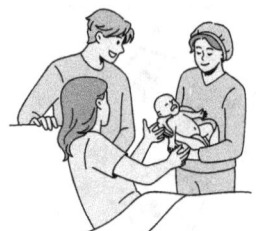

Blossom   Hatch   Birth

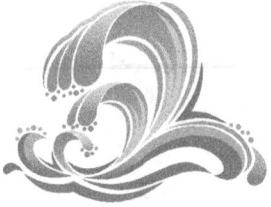 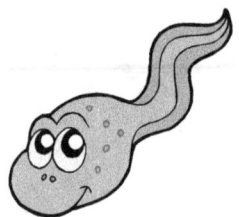 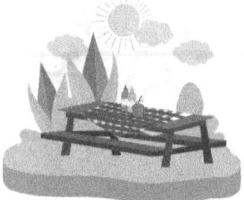

Breeze   Tadpole   Picnic

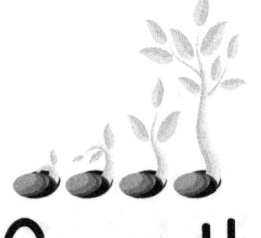  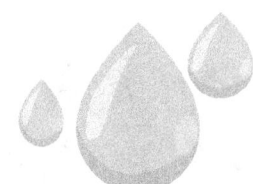

Growth   Cloud   Raindrop

SPRING READING ACTIVITIES

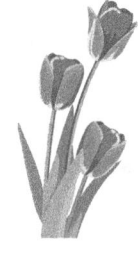
Tulip

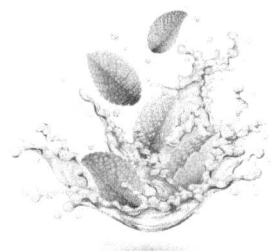
Splash

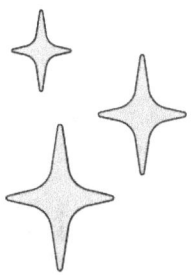
Bright

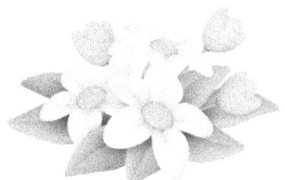
Soft

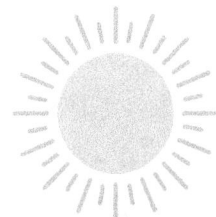
Sunshine

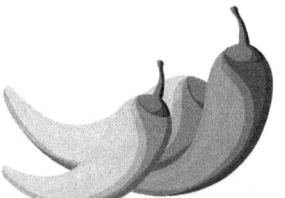
Chilly

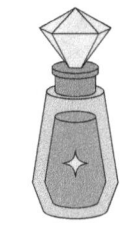
Scent

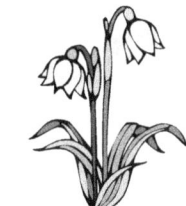
Snowdrops

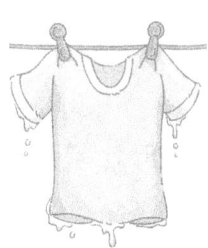
Wet

SPRING READING ACTIVITIES

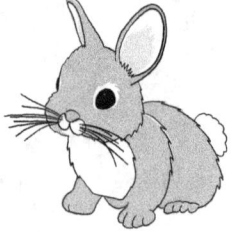 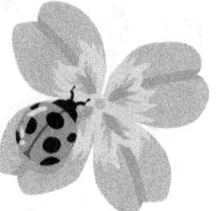 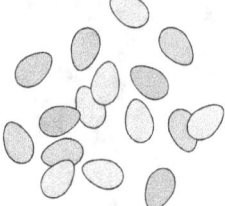

Bunny   Leaf   Seads

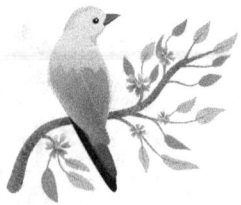 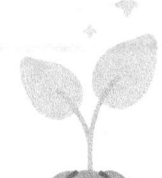 

Spring   Sprout   Sun

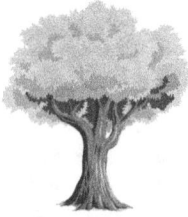 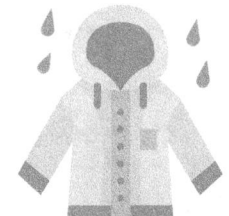 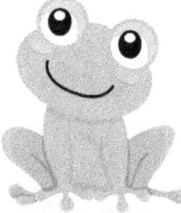

Tree   Raincoat   Frog

SPRING TRACING ACTIVITIES

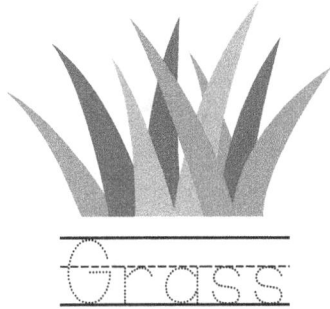
Grass

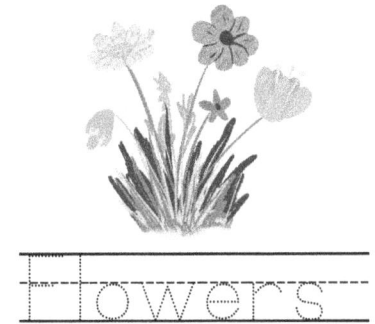
Flowers

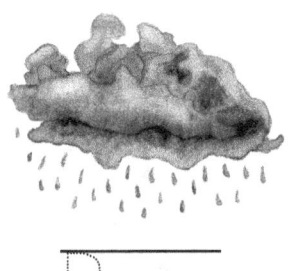
Rain

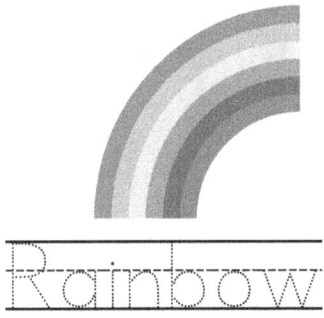
Rainbow

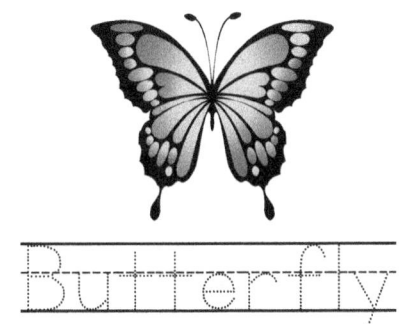
Butterfly

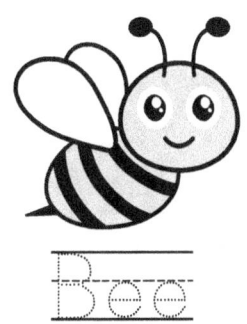
Bee

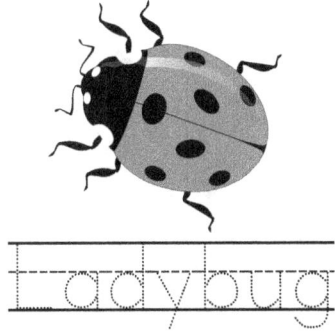
Ladybug

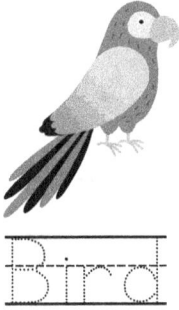
Bird

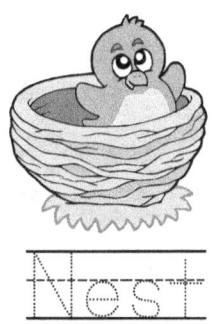
Nest

SPRING TRACING ACTIVITIES

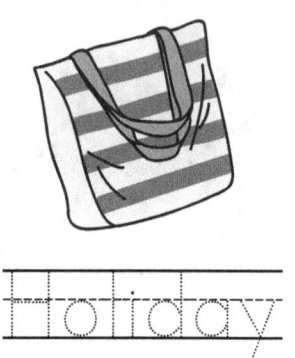
Holiday

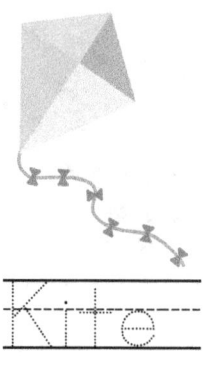
Kite

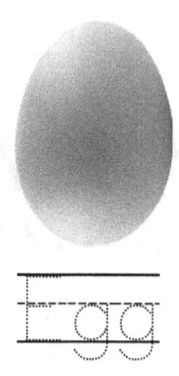
Egg

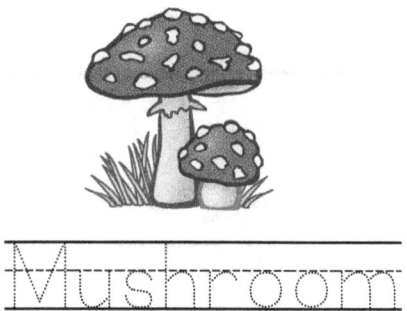
Mushroom

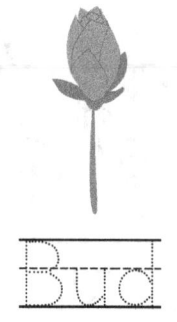
Bud

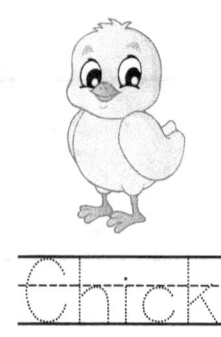
Chick

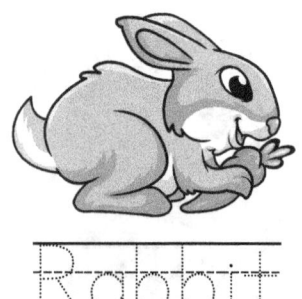
Rabbit

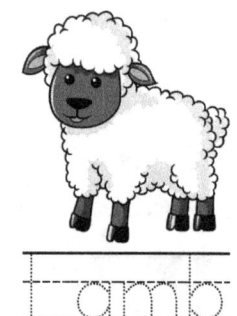
Lamb

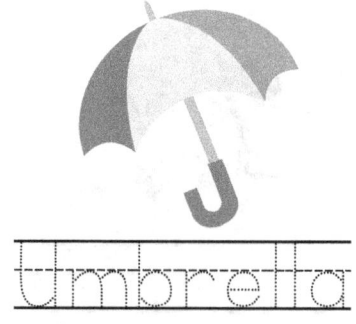
Umbrella

SPRING
TRACING ACTIVITIES

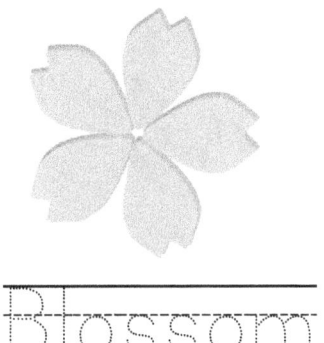
Blossom

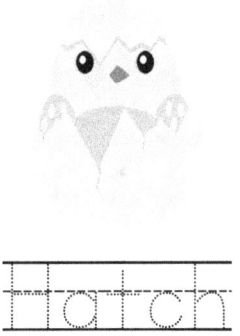
Hatch

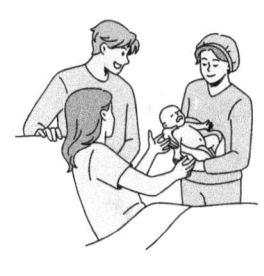
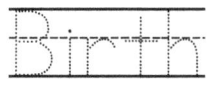
Birth

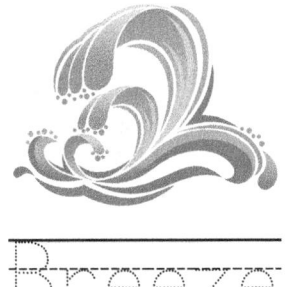
Breeze

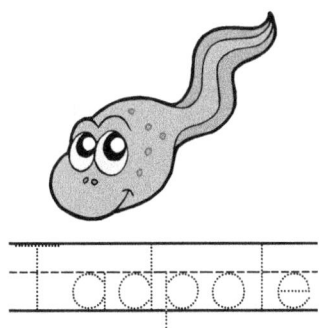
Tadpole

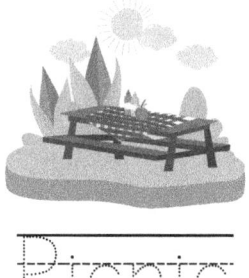
Picnic

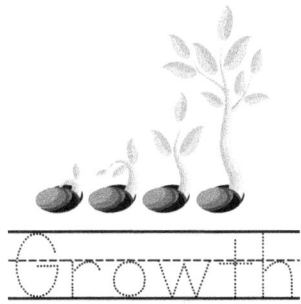
Growth

Cloud

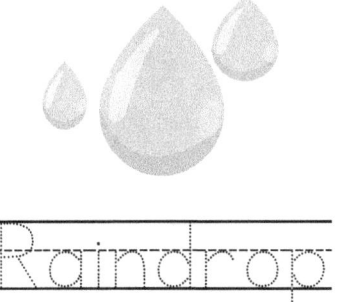
Raindrop

SPRING
TRACING ACTIVITIES

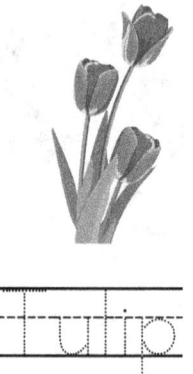
Tulip

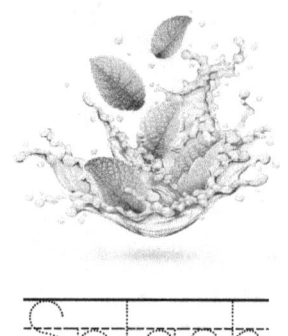
Splash

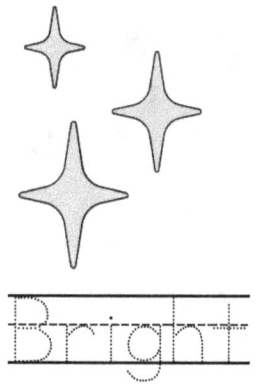
Bright

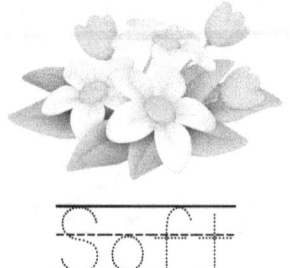
Soft

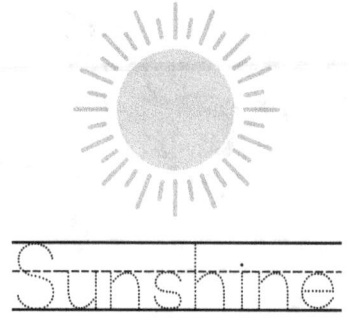
Sunshine

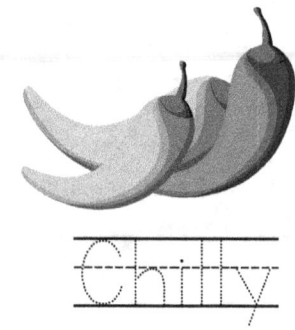
Chilly

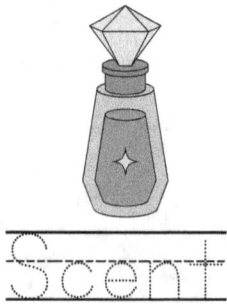
Scent

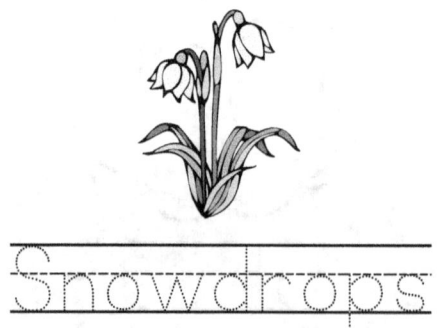
Snowdrops

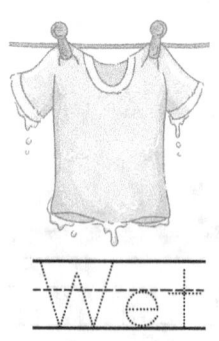
Wet

SPRING TRACING ACTIVITIES

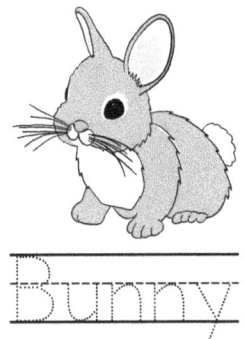
Bunny

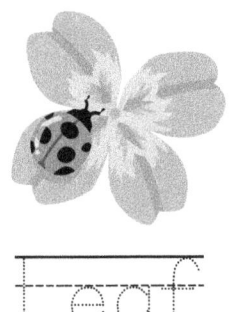
Leaf

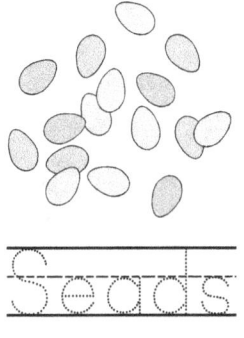
Seeds

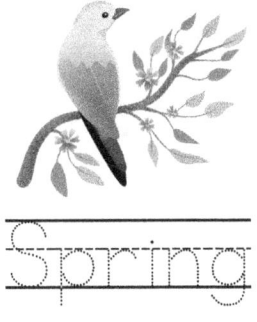
Spring

Sprout

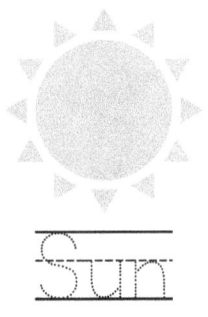
Sun

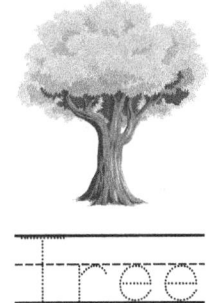
Tree

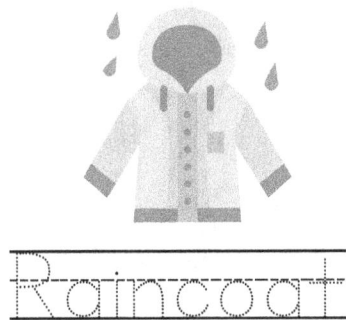
Raincoat

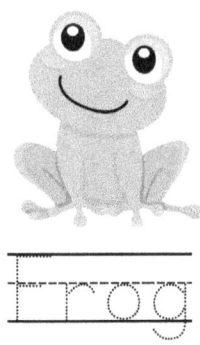
Frog

SPRING COLORING ACTIVITIES

SPRING

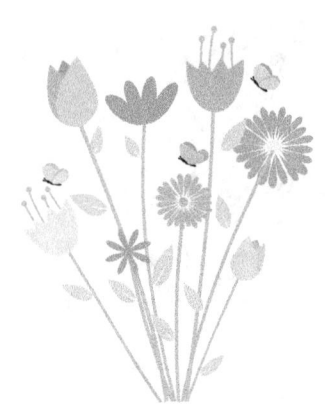

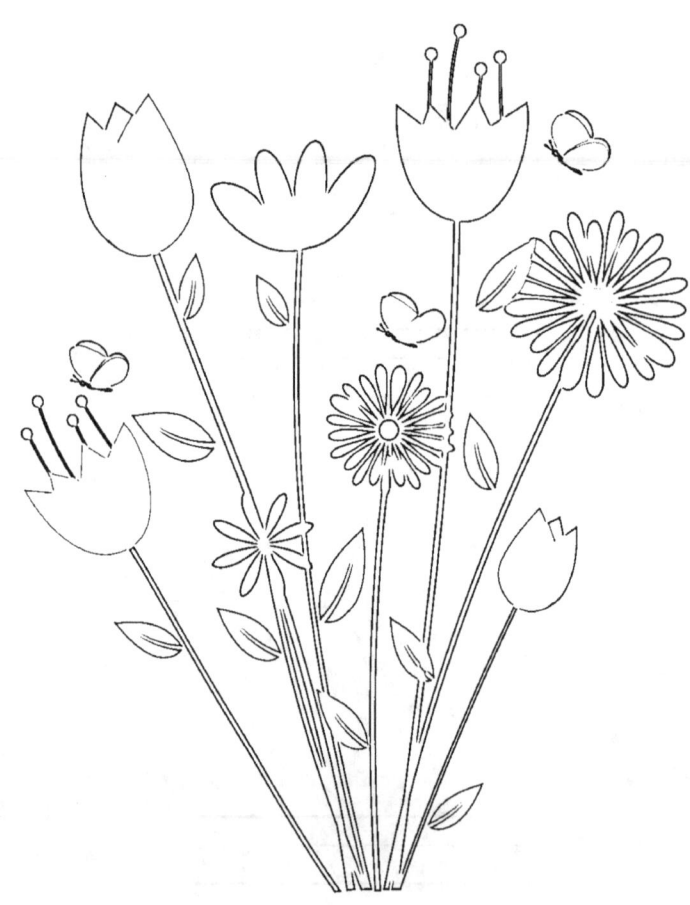

SPRING COLORING ACTIVITIES

SPRING BIRD

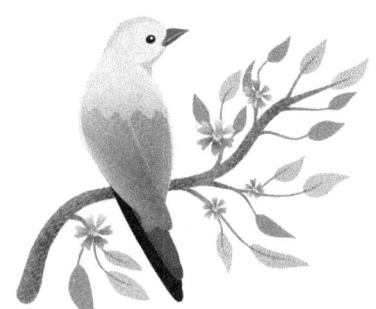

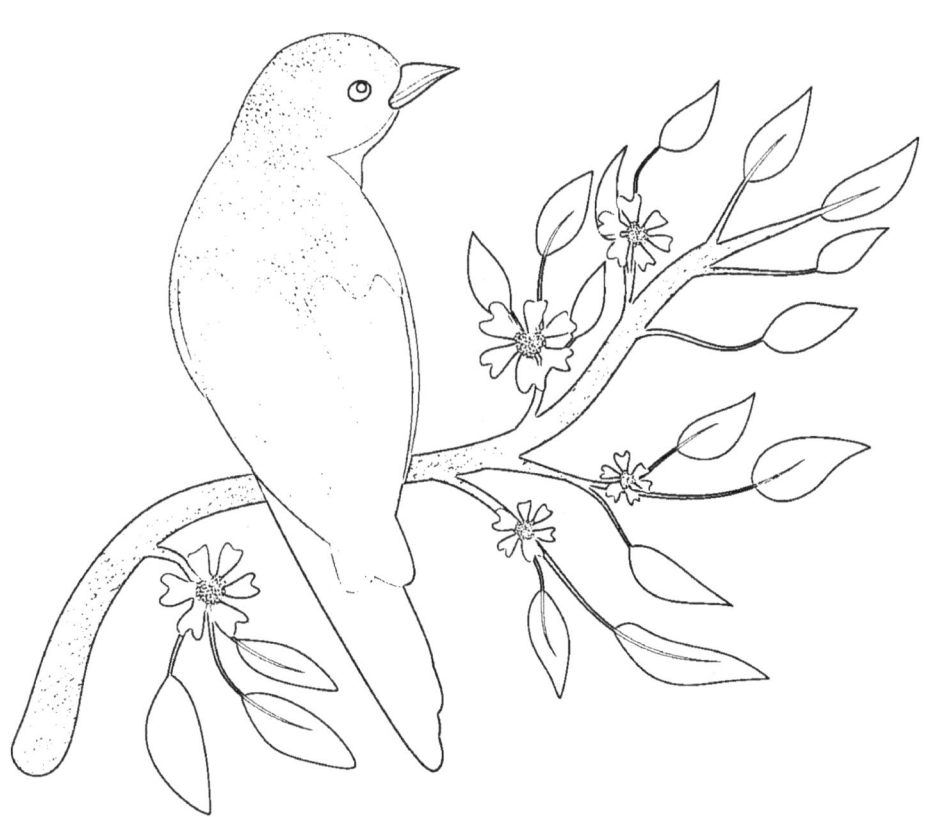

SPRING COLORING ACTIVITIES

TULIP

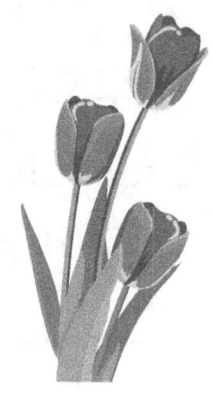

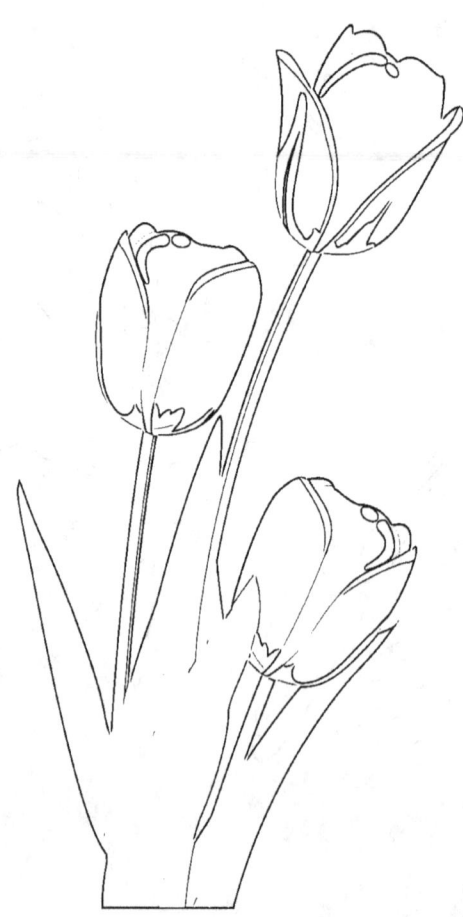

SPRING COLORING ACTIVITIES

LADY BIRD

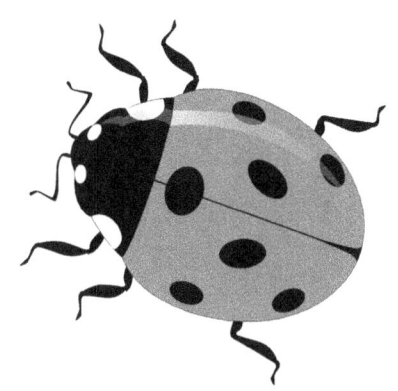

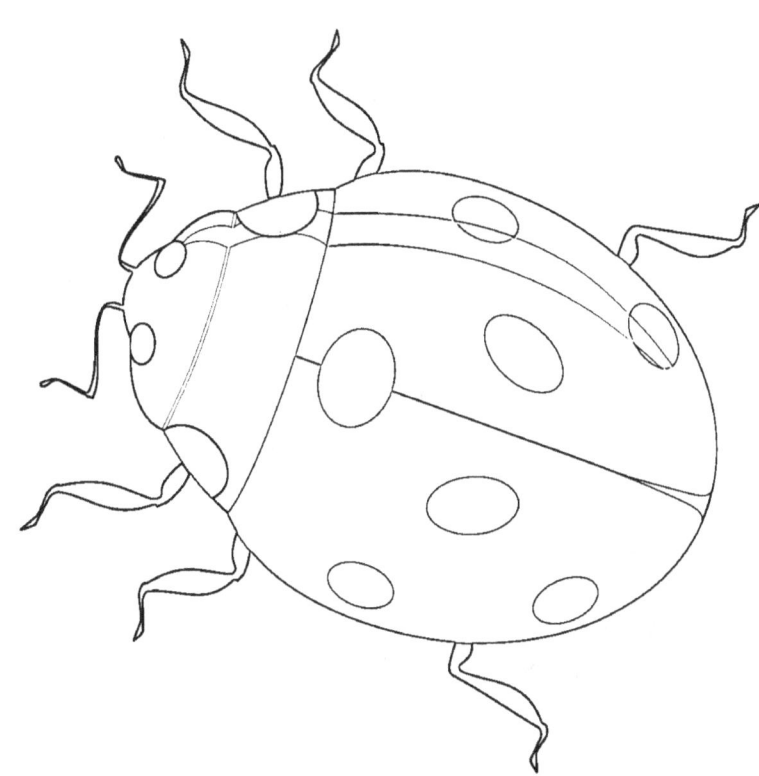

SPRING COLORING ACTIVITIES

BEE

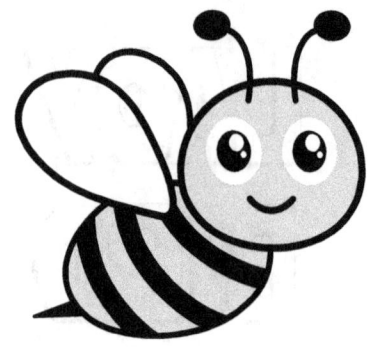

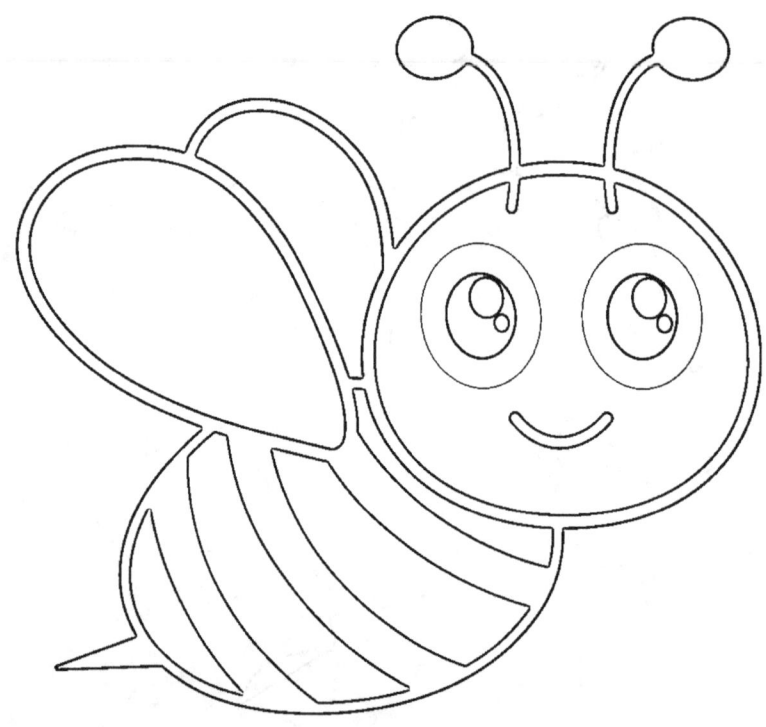

SPRING COLORING ACTIVITIES

PICNIC

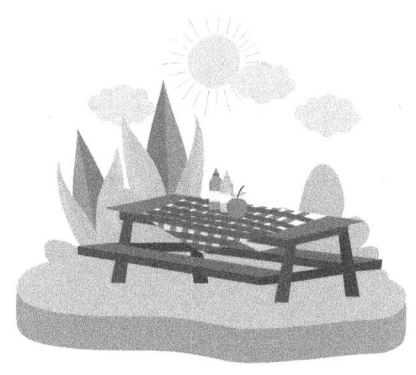

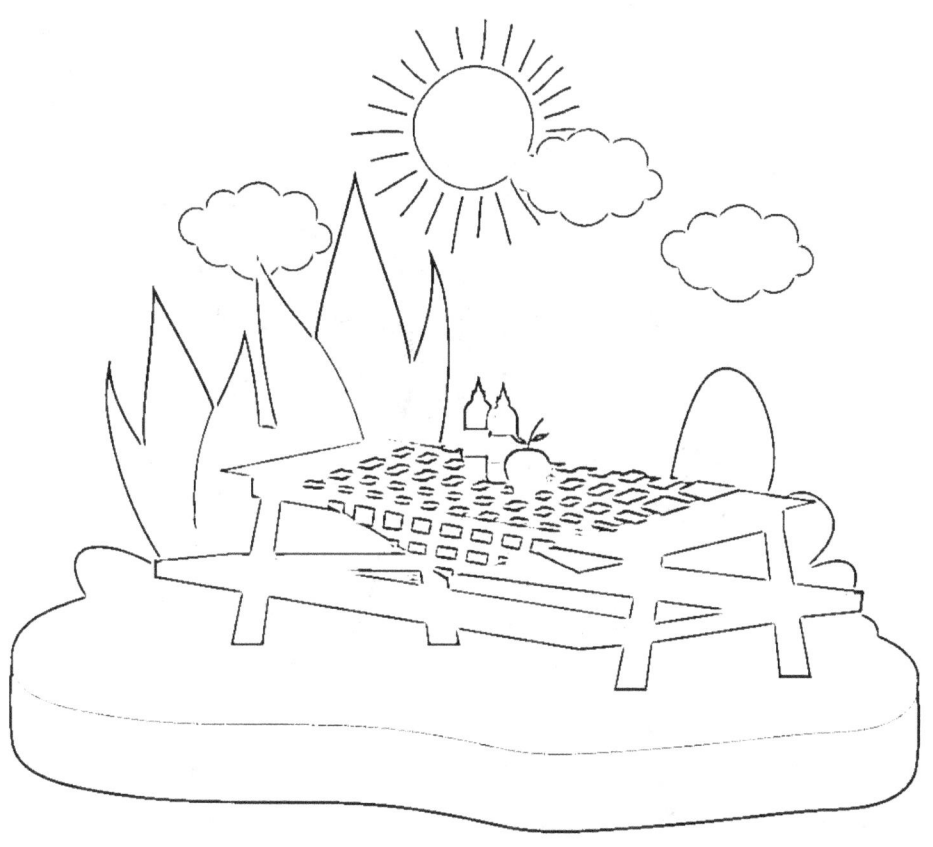

SPRING COLORING ACTIVITIES

BUTTERFLY

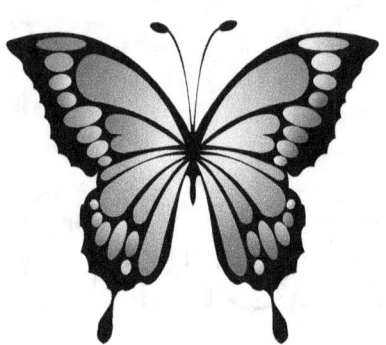

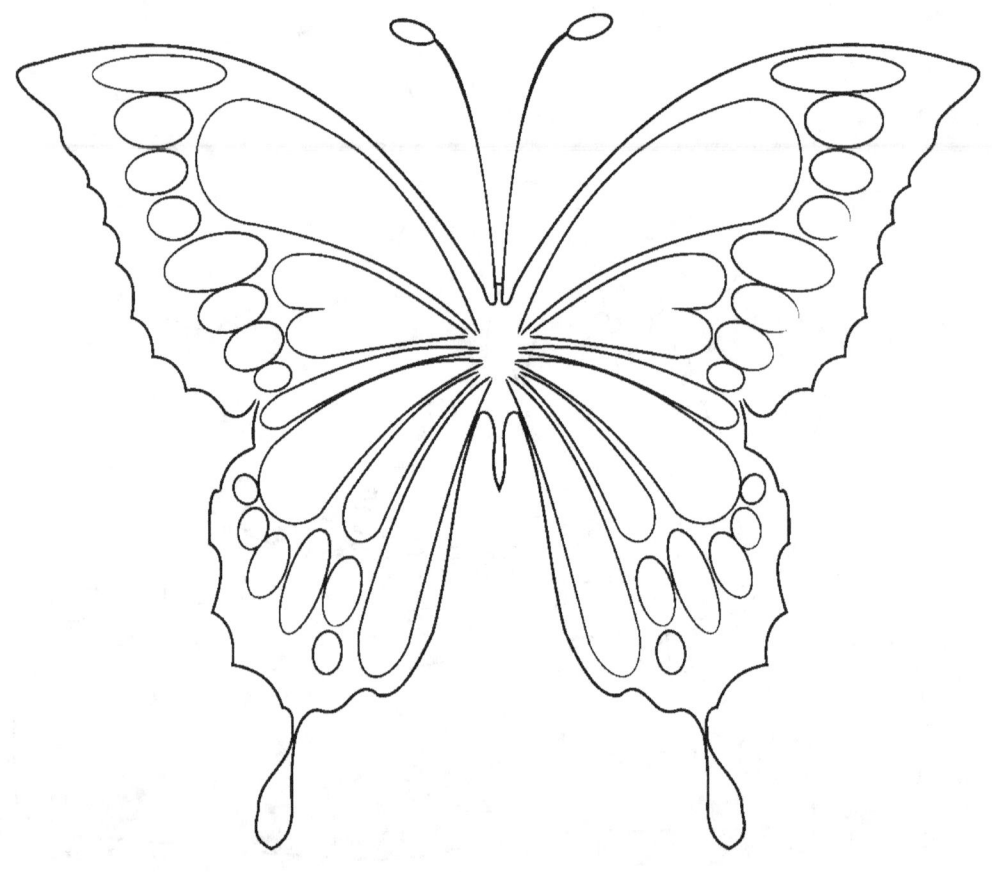

SPRING COLORING ACTIVITIES

NEST

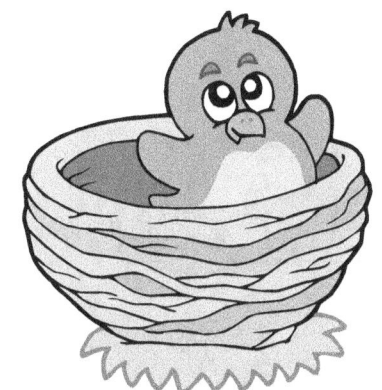

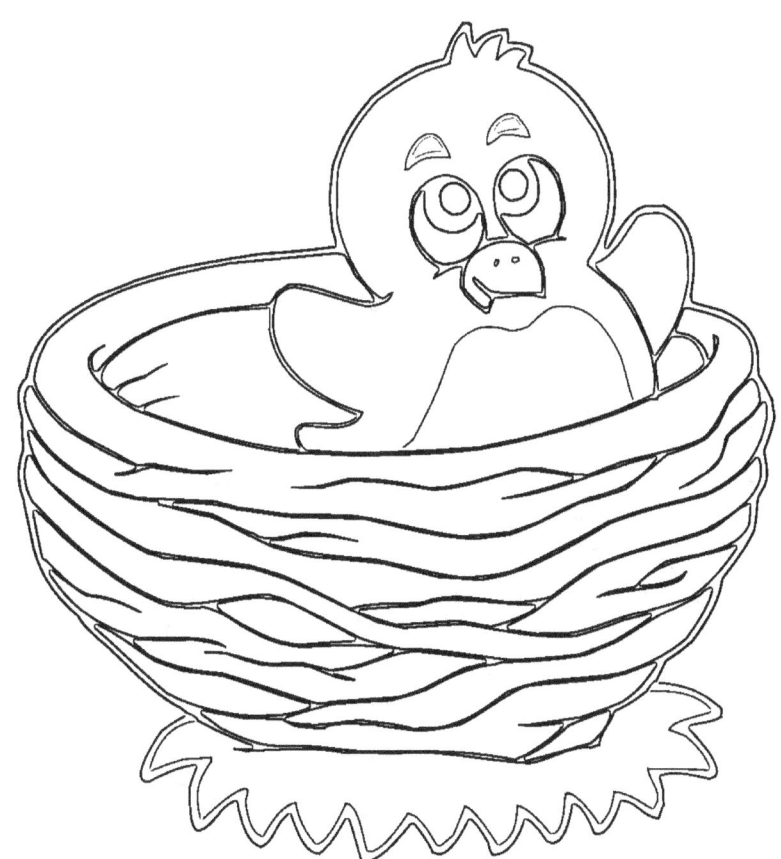

SPRING COLORING ACTIVITIES

LEAF

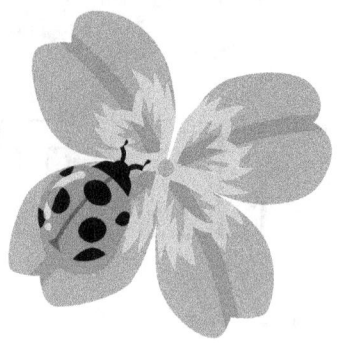

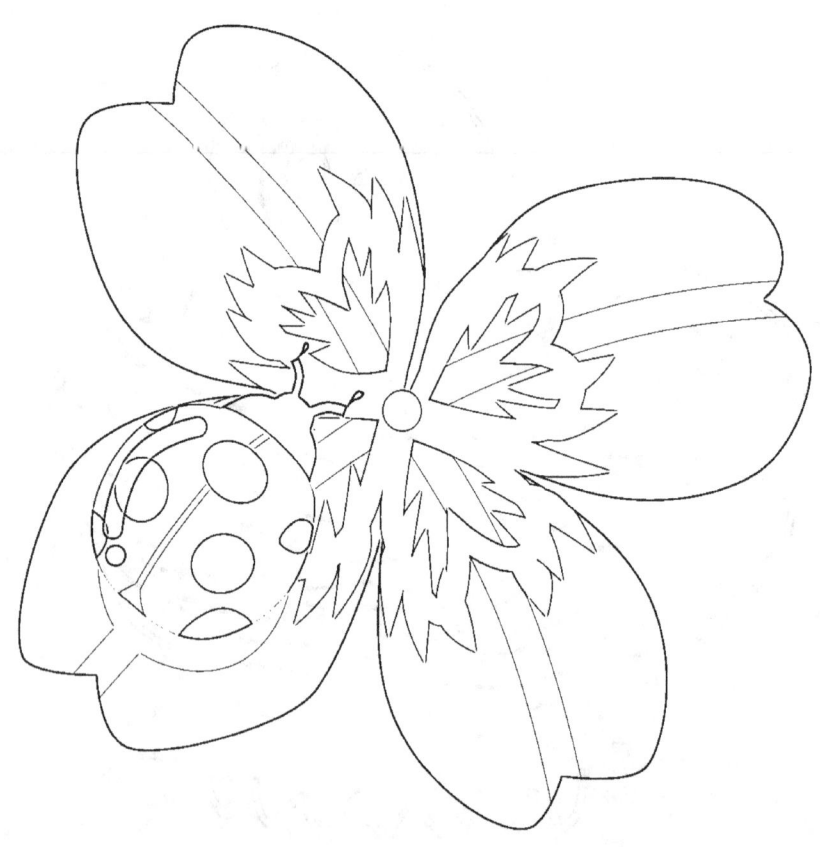

SPRING COLORING ACTIVITIES

HOLIDAY

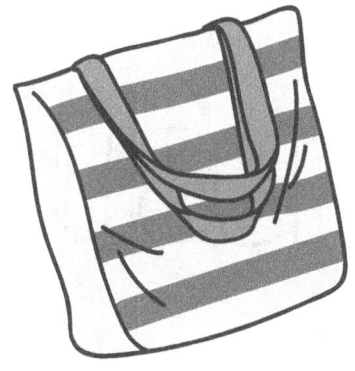

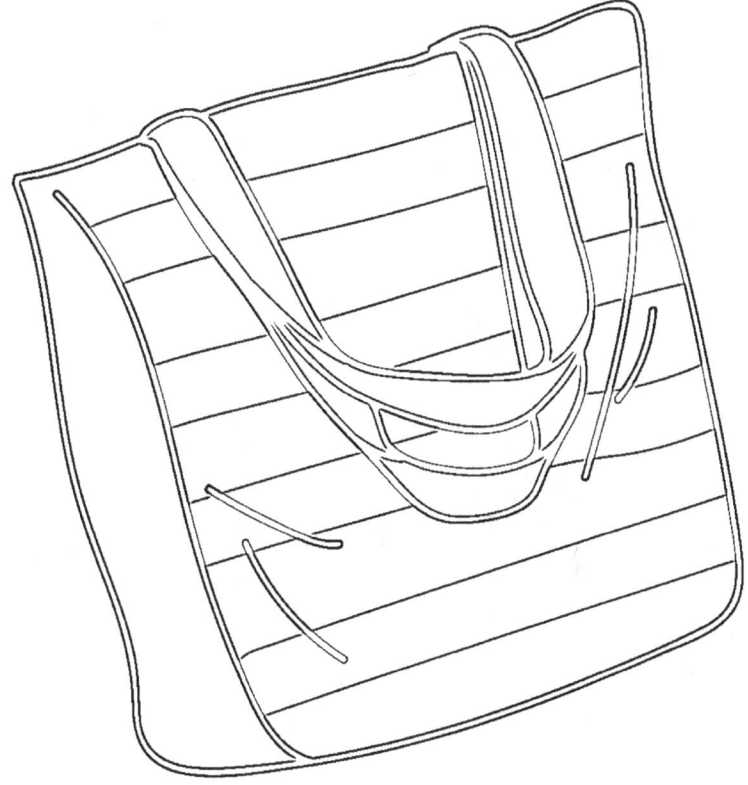

SPRING COLORING ACTIVITIES

MUSHROOM

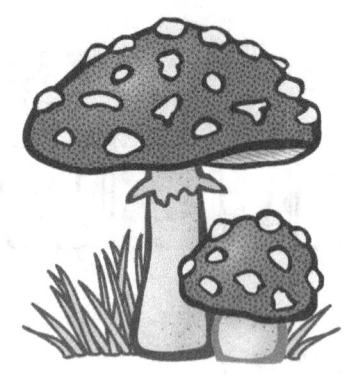

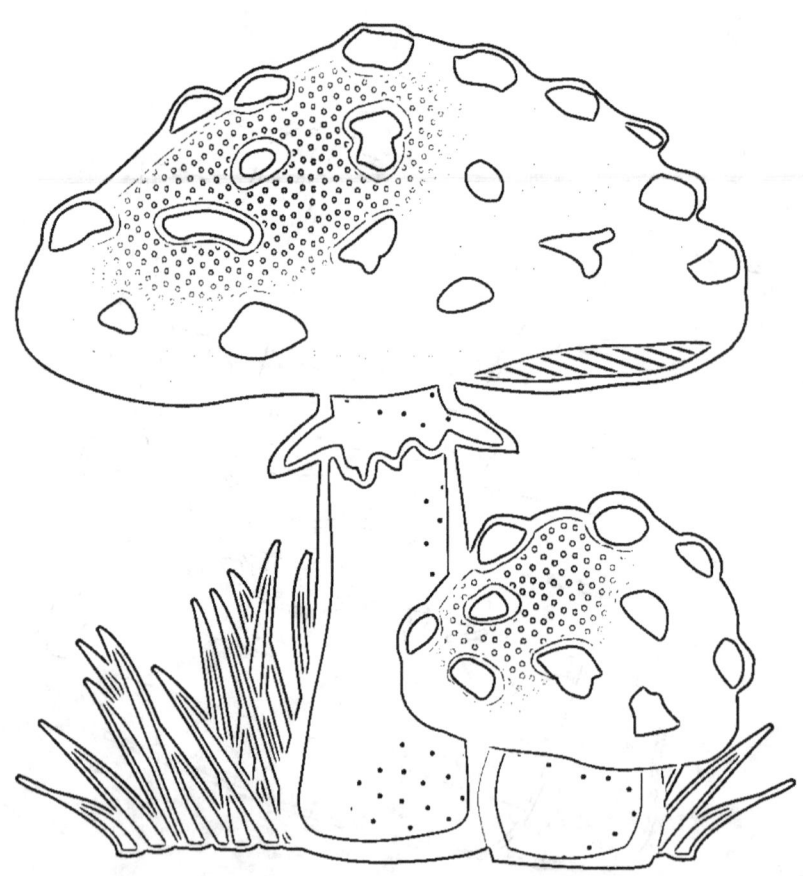

SPRING COLORING ACTIVITIES

CHICK

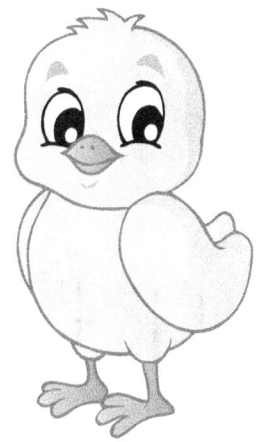

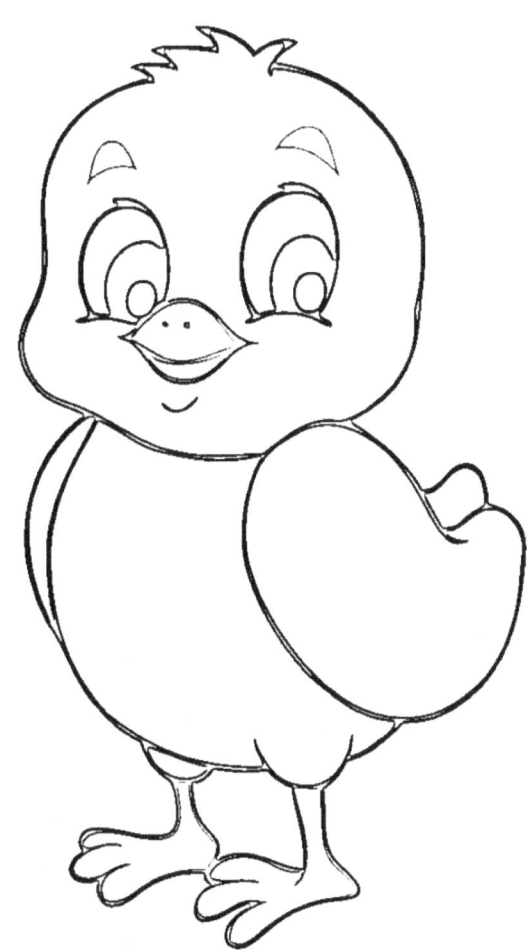

SPRING COLORING ACTIVITIES

UMBRELLA

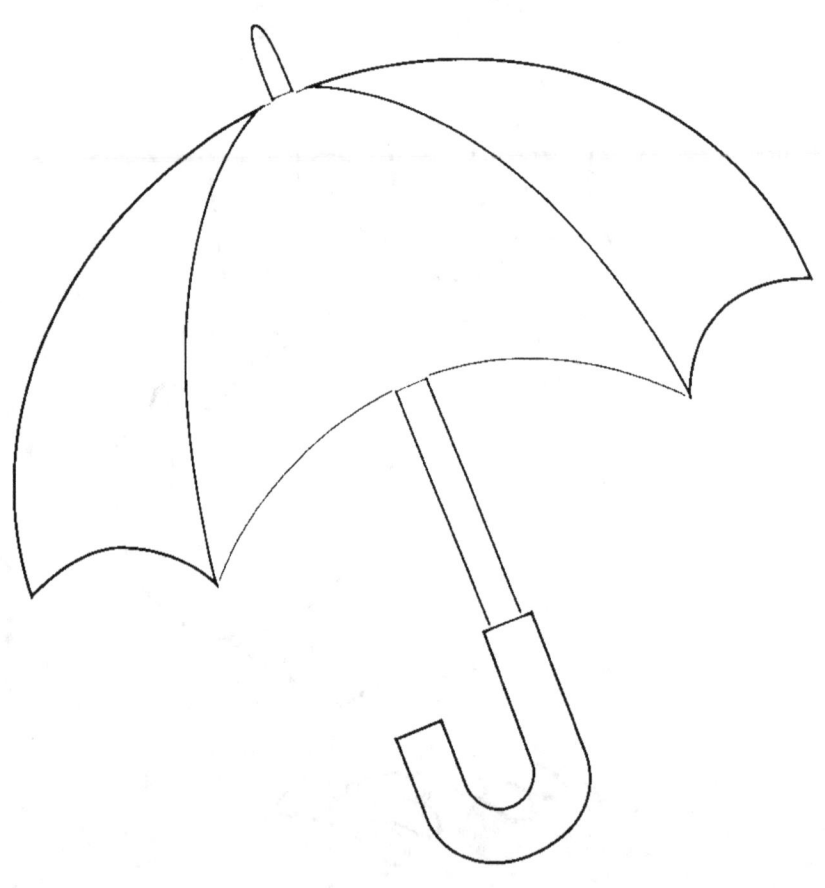

SPRING COLORING ACTIVITIES

RABBIT

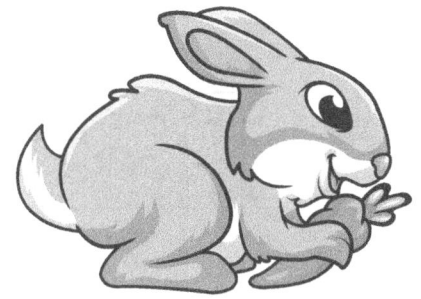

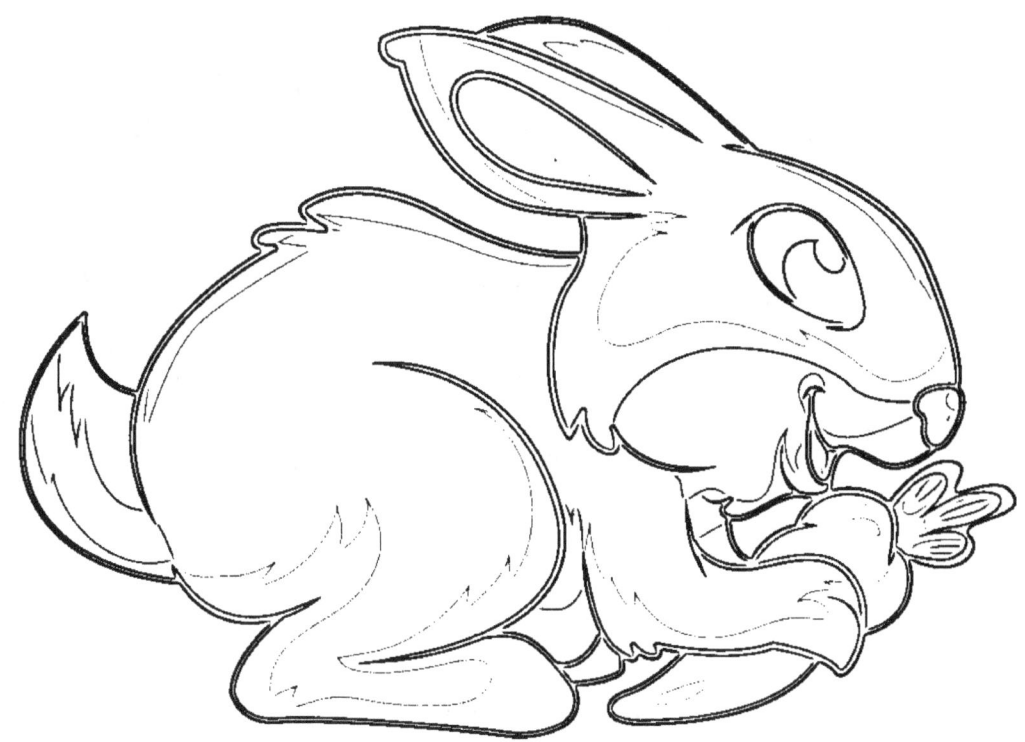

SPRING COLORING ACTIVITIES

TREE

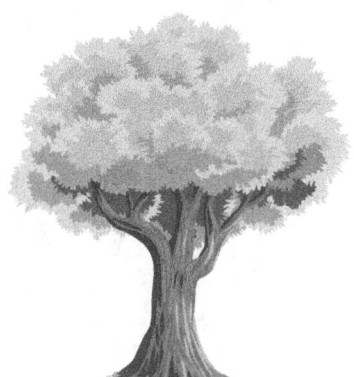

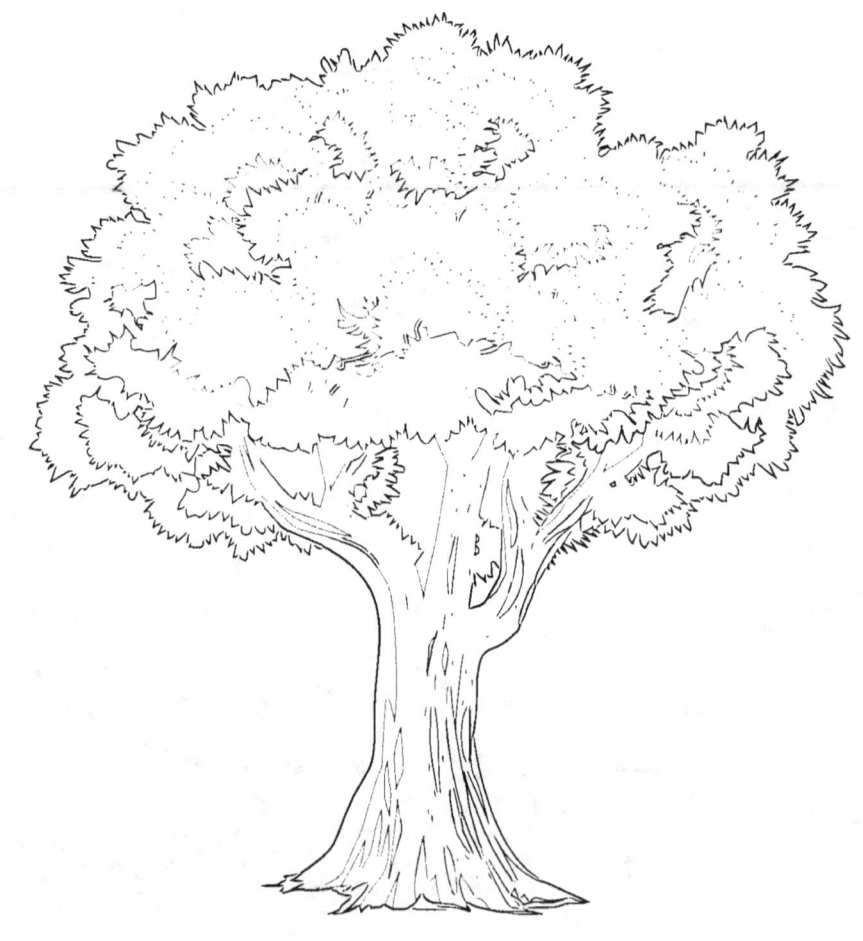

SPRING MATCHING

Matching words with the correct picture.

Spring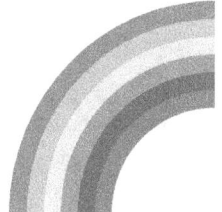

Flowers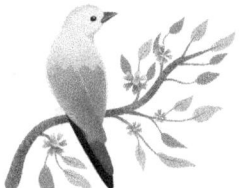

Rain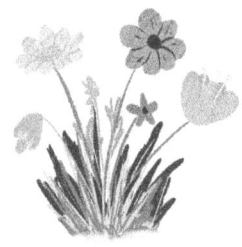

Rainbow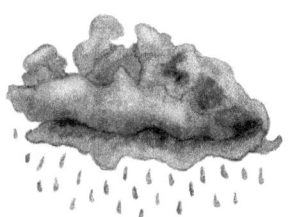

SPRING MATCHING
Matching words with the correct picture.

Grass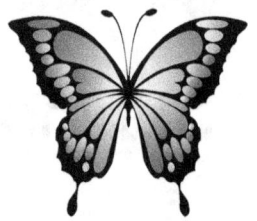

Butterfly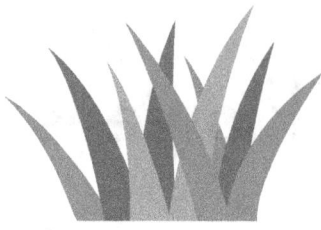

Bee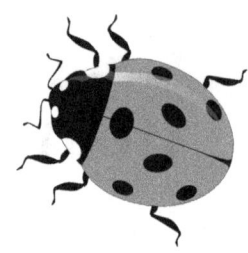

Ladybug

SPRING MATCHING

Matching words with the correct picture.

Bird

Nest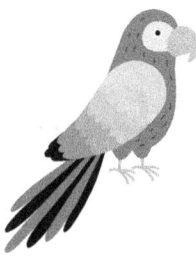

Egg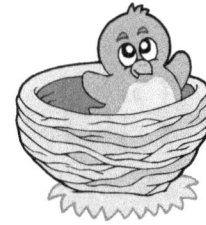

Chick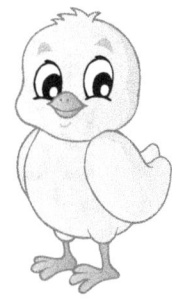

SPRING MATCHING

Matching words with the correct picture.

Umbrella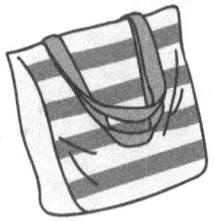

Holiday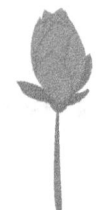

Picnic

Bud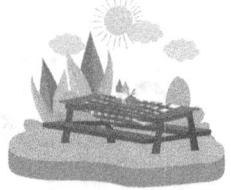

SPRING MATCHING
Matching words with the correct picture.

Raindrop

Cloud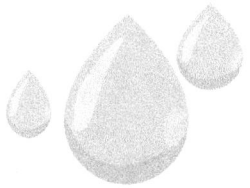

Breeze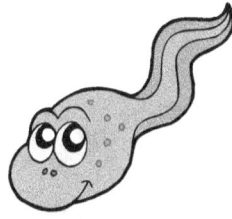

Tadpole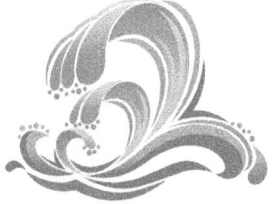

SPRING SHADOW MATCHING

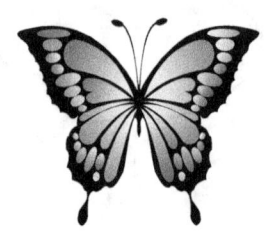 

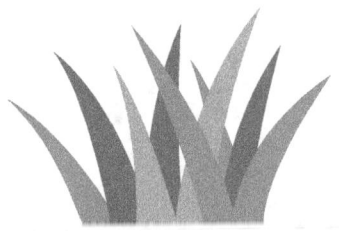 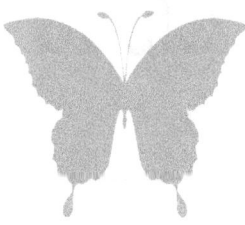

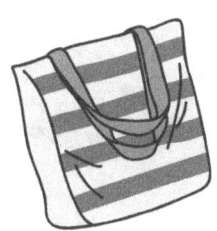 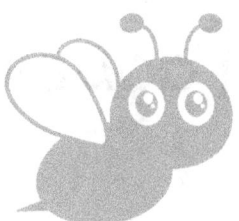

SPRING SHADOW MATCHING

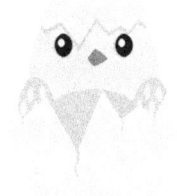 

 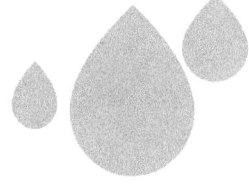

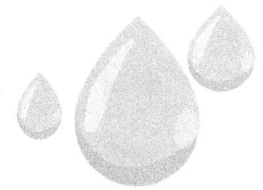 

SPRING SHADOW MATCHING

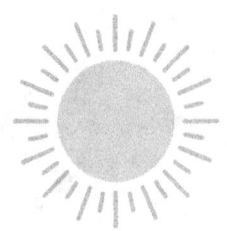 

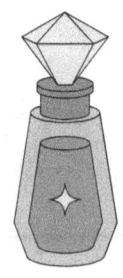 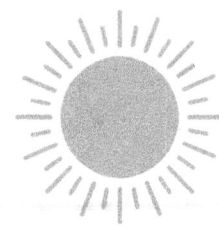

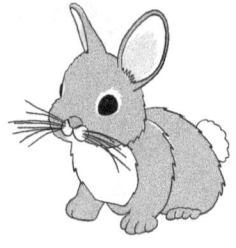 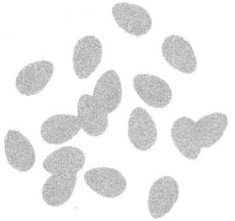

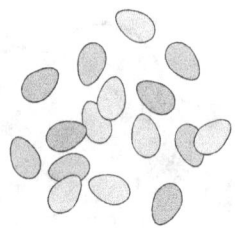 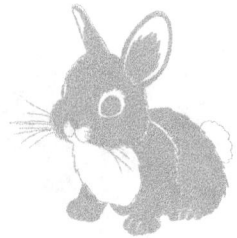

SPRING SHADOW MATCHING

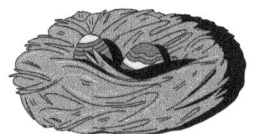
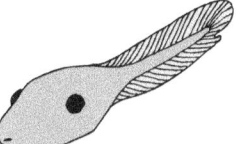

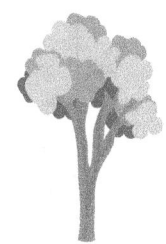
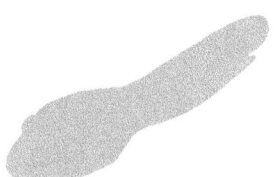

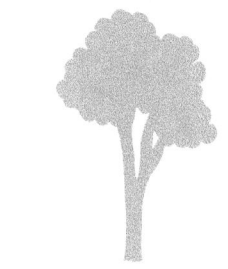

SPRING SHADOW MATCHING

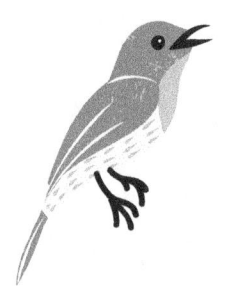 

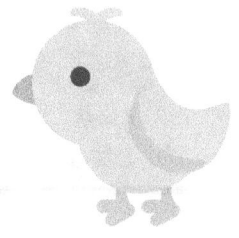 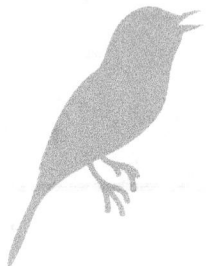

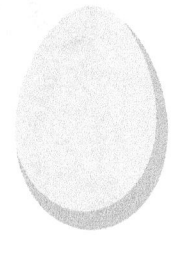 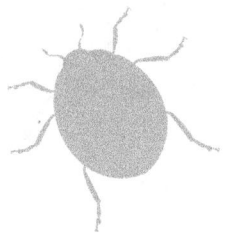

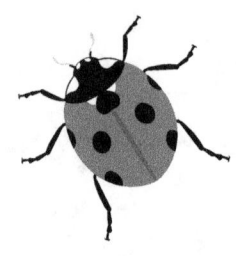 

SPRING WORD SEARCH

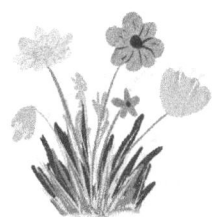
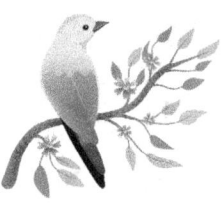

Find the words in the puzzle. Words are hidden down and across.

```
S X C X D Z N C M W N G M
G N I R P S I Q Y S D X M
X X W Z M H A P X C F O C
X I I E F B R Y Y E F W D
U W A Q T B V H F P V I S
W Y T O Q H M T Y N B C D
P S K L D B W L W U U S J
R W R Z C G V O G X H X M
K S R E B N B Z L W C T S
U D J Q W N H G K T U F V
N Y L S I O T Z I V P E A
Q E A A N J L Z J O M O F
N N R S U N K F T M W V O
```

| SPRING | FLOWERS | RAIN |
| RAINBOW | SUN | WET |

SPRING WORD SEARCH

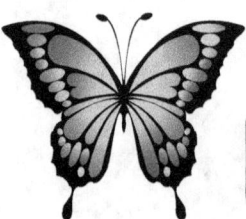

Find the words in the puzzle. Words are hidden down and across.

```
L Y D G A Q V B E N P J C
Z U L O K S Q R E Z V K X
T P A F R O B E B E Z W B
S W D V R Q J E Y W M L Q
F X Z Y E E I Z R A I N E
U X F T I C T E Q I Z J G
Y S E G G T B T D V K Q B
C N D D O V Y N U C N Z W
I J K R G C Y U I B E C Y
W V X Y O D K H A H F Z T
O G T K X P C B V T F V C
P F E T X M L S N F T I S
U C S K Q R L I C U P W D
```

| BUTTERFLY | BEE | CHICK |
| EGG | DROP | BREEZE |

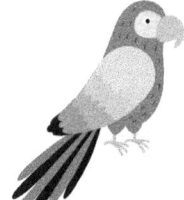
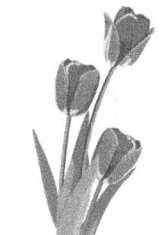

SPRING WORD SEARCH

Find the words in the puzzle. Words are hidden down and across.

```
J W Z I V G Y D D U J W V
T Q B E E L R L O F P V G
I U X P Z I D Y L L O I M
S M I J B V F T N D V R X
Y Y O N F J L N C X R J J
P I C N I C R B V G I Y P
D H C E A S P L N R E I P
R U O P R K I T C Y V L F
F D B L I J L N T O M D D
J W V V I J U E T A H Z M
A D L R J D T W T N G H H
N A W H B O A Y A Z V P U
U R I E U K B Y V F D I G
```

HAT   BUD   TULIP

PICNIC   HOLIDAY   BIRD

SPRING WORD SEARCH

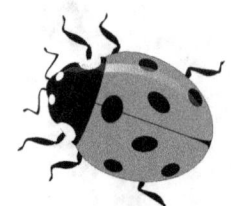
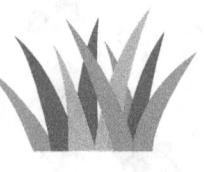

Find the words in the puzzle. Words are hidden down and across.

```
L E A F G Z T L T A W B G
B Q R L Q S O A I W U Z S
Q D A X E B B D L Z V C P
Q M H N U O Q Y R L D L T
B E J V P R N B Y F V Q B
X E G X Z U J U G K J H F
S J C R I B E G O R F A W
L P V B A B B S Y F W U S
N A B M D S H E F Z B G J
W J X A O A S R X G S W T
M O O R H S U M C G Q C D
Z C D R X U T J D V J H C
C B S F V H C U G G V Y B
```

NEST   LADYBUG   LEAF

GRASS   MUSHROOM   LAMB

SPRING WORD SEARCH

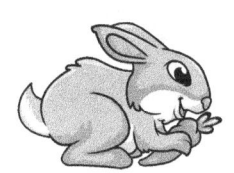
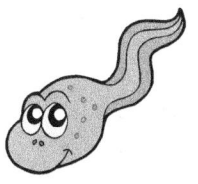

Find the words in the puzzle. Words are hidden down and across.

```
Z A X G A H X N E R V Q X
X H L F O L U L R N C Z C
G M N L U T O P D J B N Z
S S B L E P E U U E P M F
M M U L D R Z U O C M Q I
J C L A C W B J L I Q G C
R F T O V G S M C F R D Y
J A I R T J S Q U M X S Q
C Q B B R F G J R V S K V
W O S B F L G S M D Q J P
Y S Z T I P B Y O O Y B N
I C P Y L T O Y I B M N Q
V Q D S E T I K H A T C H
```

| KITE | UMBRELLA | CLOUD |
| TADPOLE | HATCH | RABBIT |

SPRING CROSS WORDS

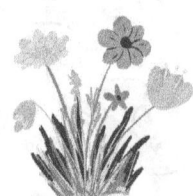
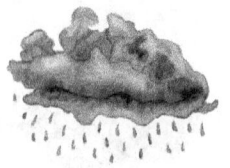

Complete the puzzle with the help of pictures & choosing from the words given.

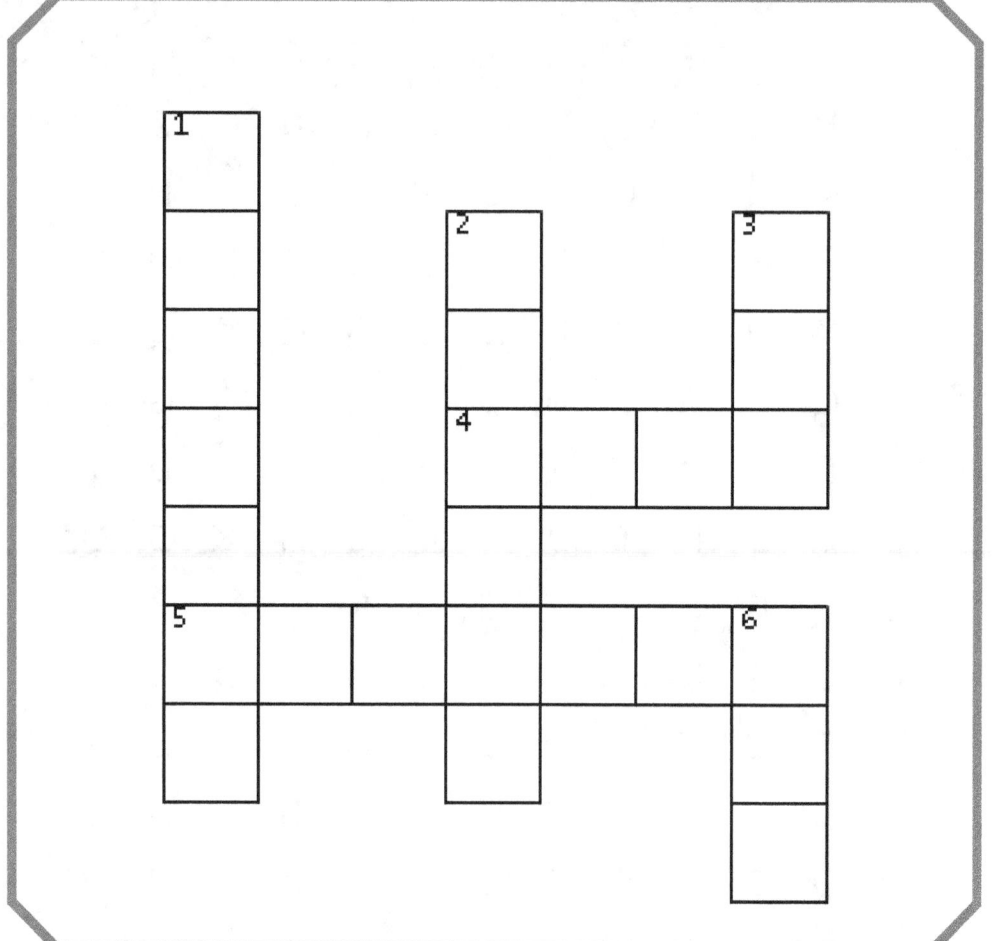

SPRING   FLOWERS   RAIN

RAINBOW   SUN   WET

SPRING CROSS WORD

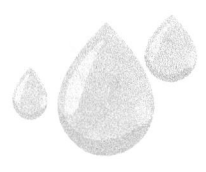

Complete the puzzle with the help of pictures & choosing from the words given.

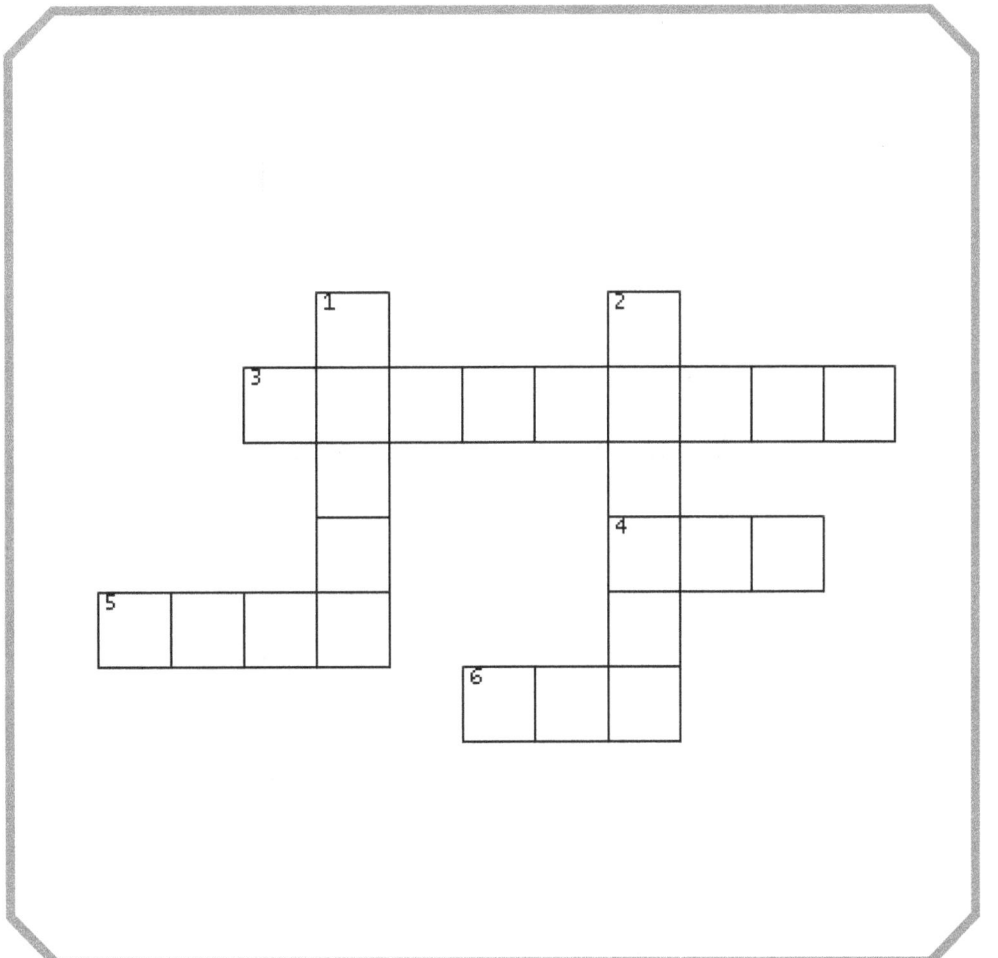

| BUTTERFLY | BEE | TULIP |
| EGG | DROP | BREEZE |

SPRING CROSS WORD

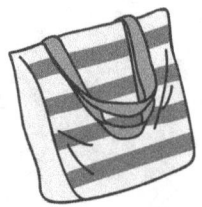
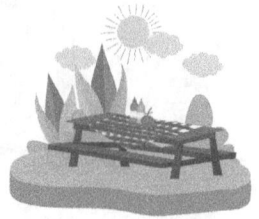

Complete the puzzle with the help of pictures & choosing from the words given.

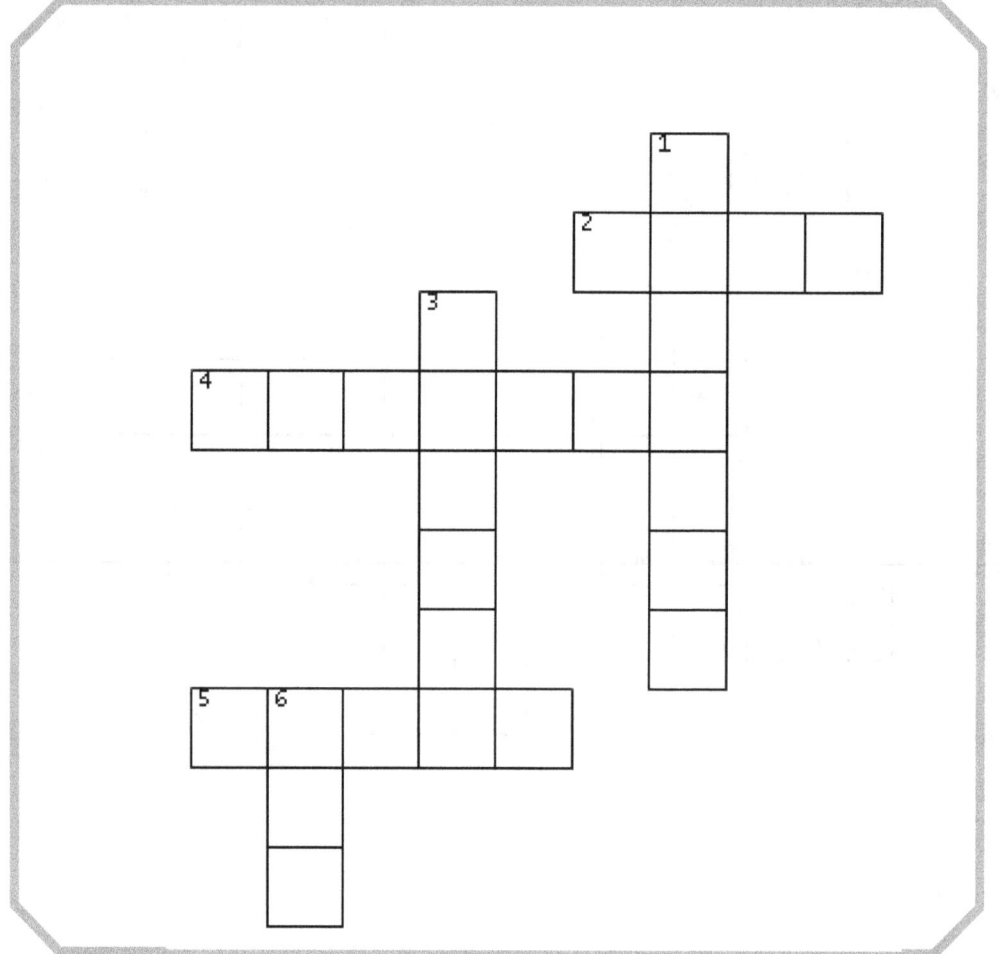

| HAT | LADYBUG | CHICK |
| PICNIC | HOLIDAY | LAMB |

SPRING CROSS WORD

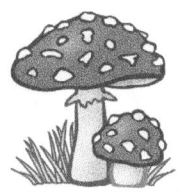
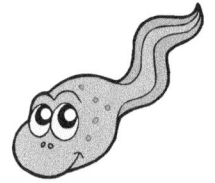

Complete the puzzle with the help of pictures & choosing from the words given.

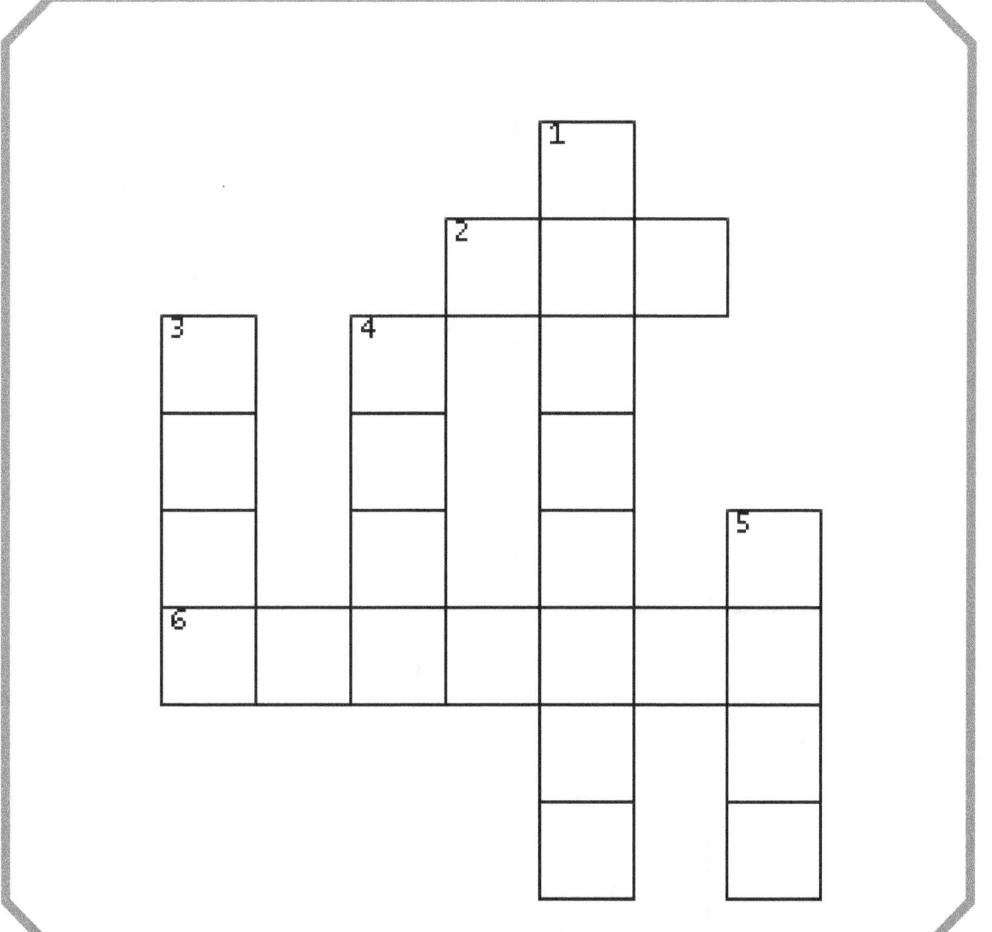

NEST   BUD   LEAF

TADPOLE   MUSHROOM   BIRD

SPRING CROSS WORD

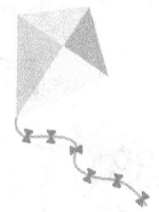

Complete the puzzle with the help of pictures & choosing from the words given.

KITE UMBRELLA CLOUD

GRASS HATCH RABBIT

SPRING
DOT-TO-DOTS

CONNECT THE DOTS FROM 1 TO 50, THIS WAY YOU PRACTICE COUNTING AND DISCOVER A CUTE ELEMENT.

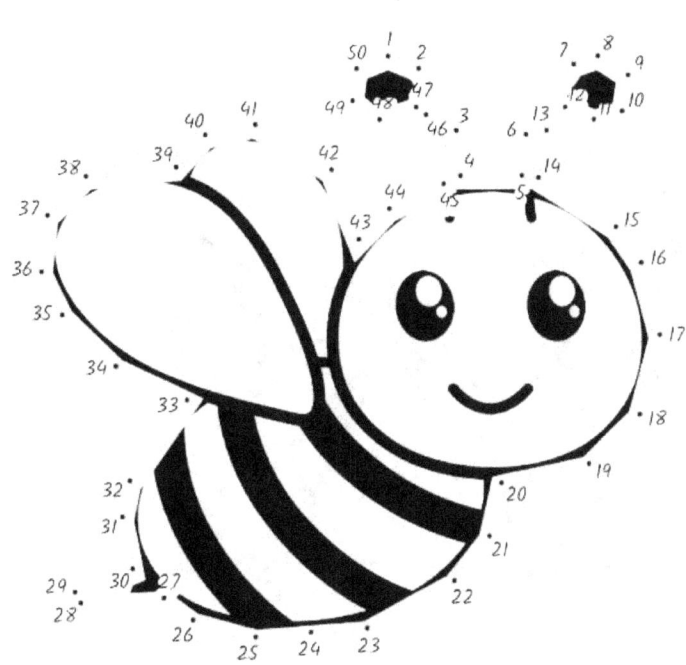

SPRING DOT-TO-DOTS

CONNECT THE DOTS FROM 1 TO 50, THIS WAY YOU PRACTICE COUNTING AND DISCOVER A CUTE ELEMENT.

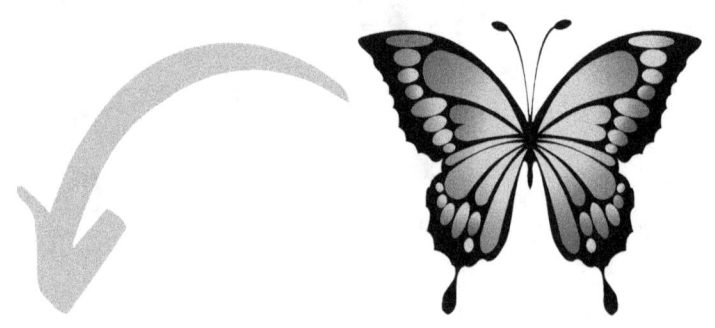

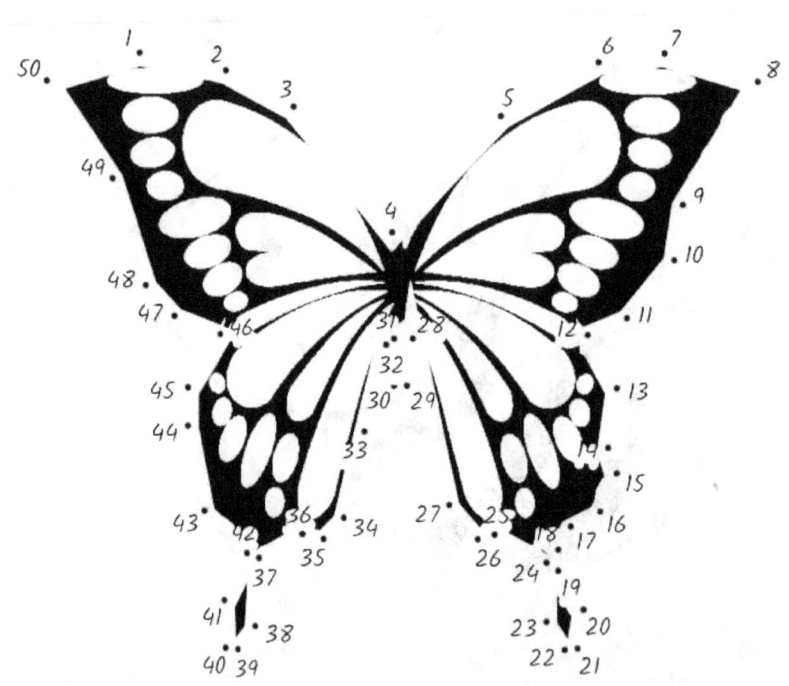

SPRING
DOT-TO-DOTS
CONNECT THE DOTS FROM 1 TO 50, THIS WAY YOU PRACTICE COUNTING AND DISCOVER A CUTE ELEMENT.

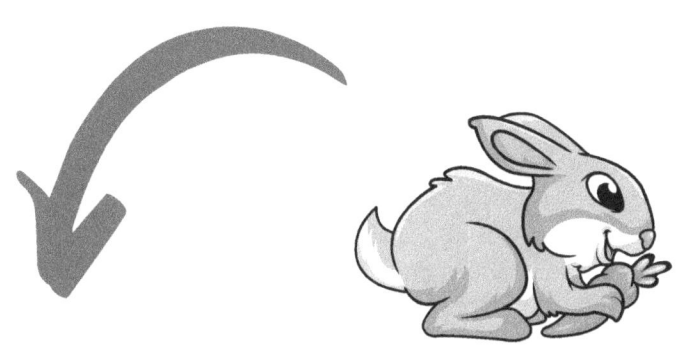

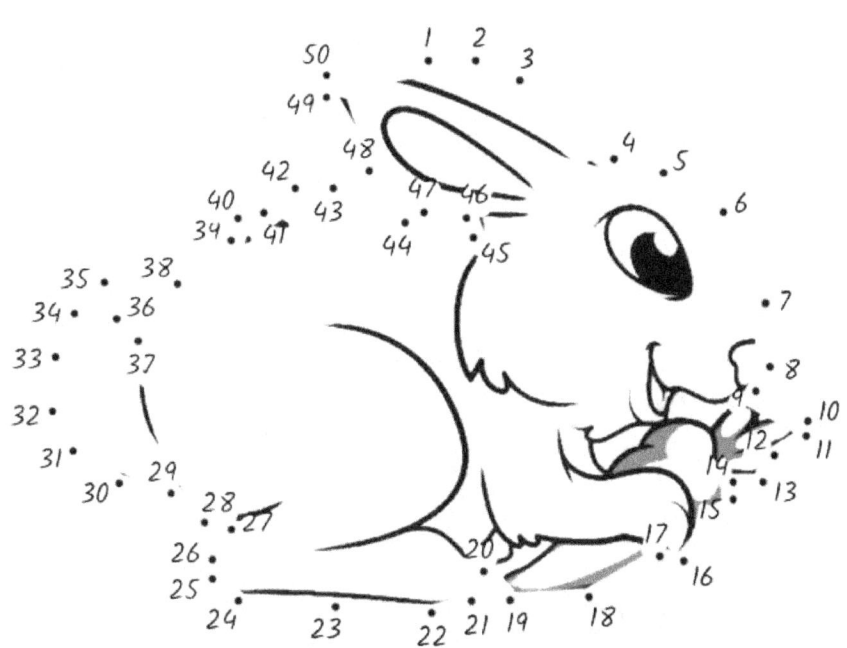

SPRING
DOT-TO-DOTS
CONNECT THE DOTS FROM 1 TO 50, THIS WAY YOU PRACTICE COUNTING AND DISCOVER A CUTE ELEMENT.

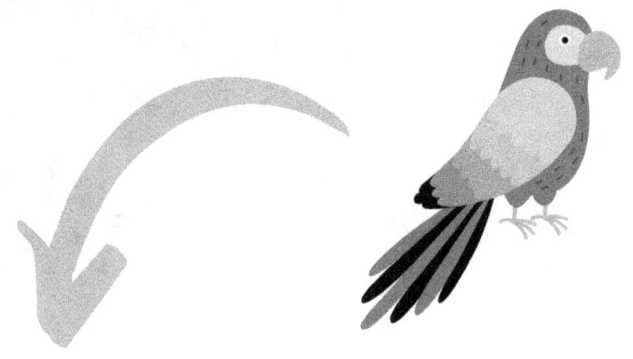

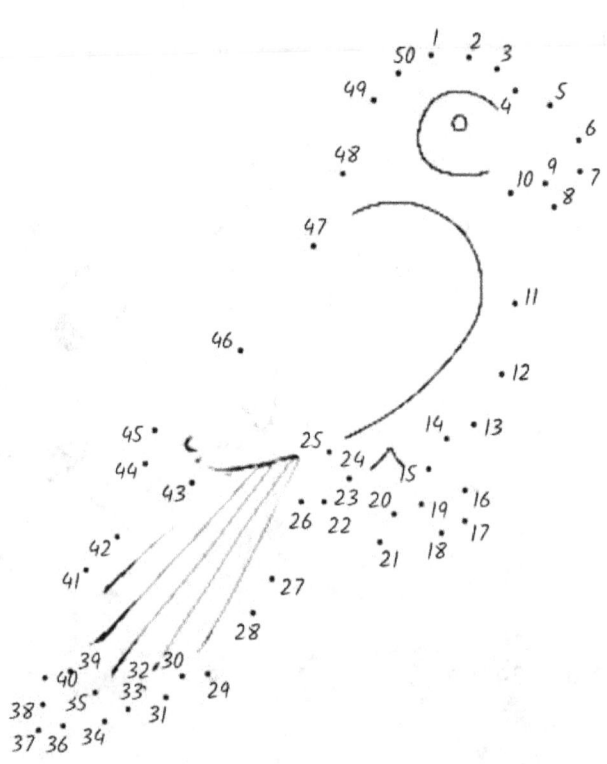

SPRING DOT-TO-DOTS

CONNECT THE DOTS FROM 1 TO 50, THIS WAY YOU PRACTICE COUNTING AND DISCOVER A CUTE ELEMENT.

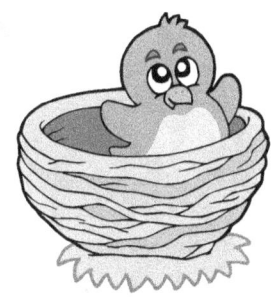

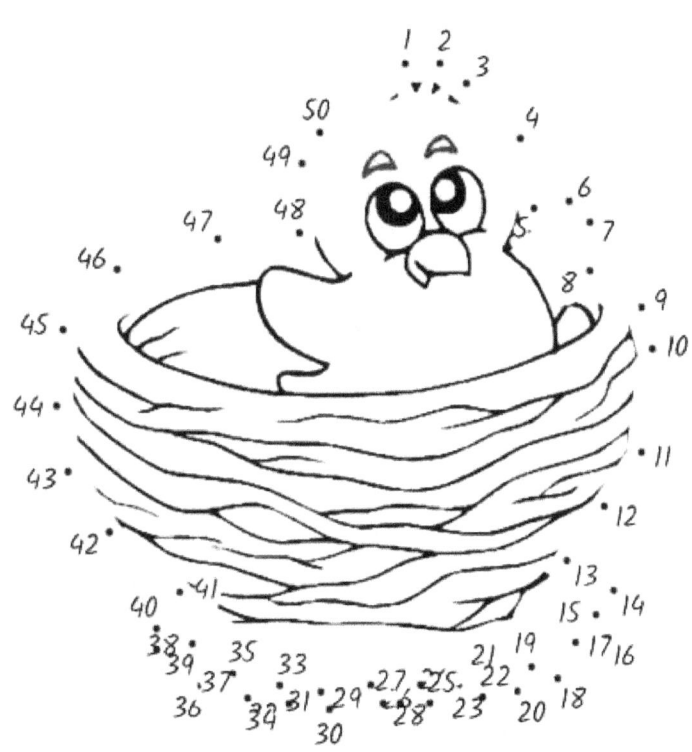

SPRING WORD SEARCH SOLUTIONS

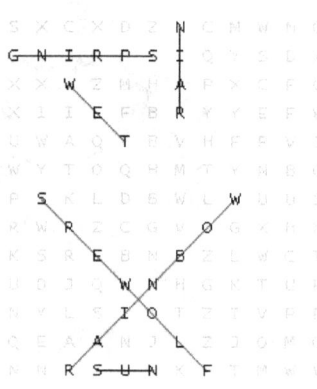
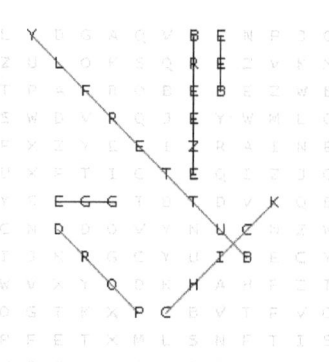
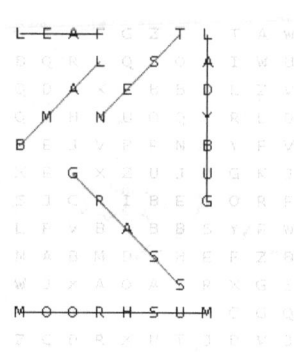
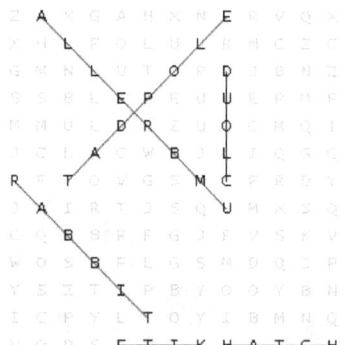
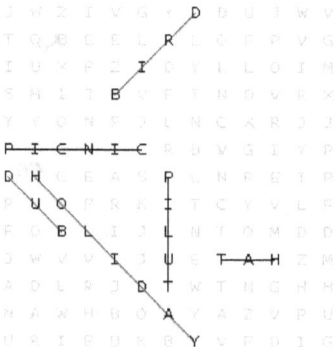

SPRING CROSS WORDS SOLUTIONS

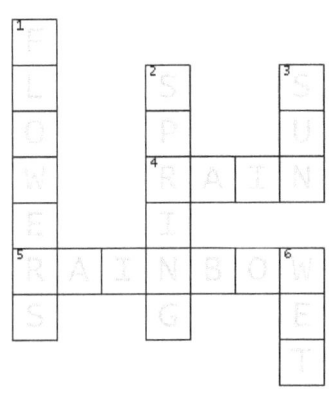
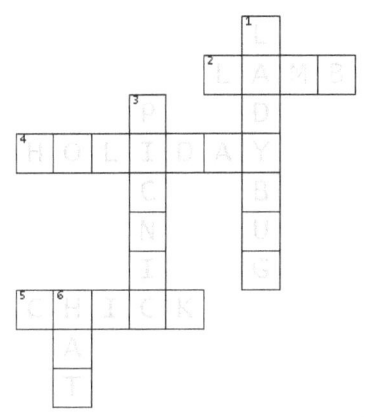
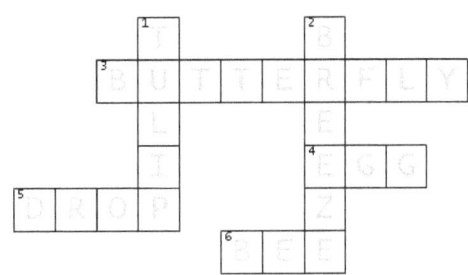
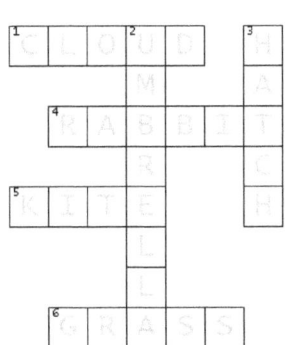
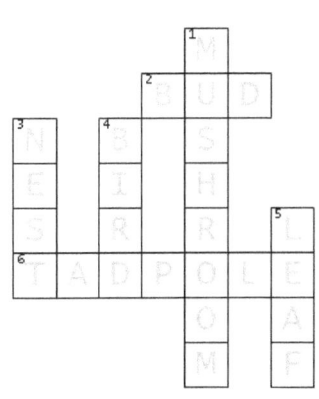

www.ingramcontent.com/pod-product-compliance
Lightning Source LLC
Chambersburg PA
CBHW080441220526
45465CB00007B/2730

9798351104737